2468

Les Cantiques de la

PAIX, PAR CLEMENT MArot. Ensemble le Cantique de la Royne sur la maladie & conualescence du Roy, Par ledict Marot.

Auec priuilege.

On les vend à Paris, sur le pót sainct Michel, à l'enseigne de la rose blanche, par Estienne Roffet, relieur du Roy.

A monsieur le Preuost de PARIS, ou son Lieutenant Ciuil.

Vpplye humblement Estienne Roffet, dict le Faulcheur, Relieur du Roy, & Libraire en ceste ville de Paris, qu'il vous plaise luy permettre Imprimer troys epistres, auec la conualescence du Roy, composées par Clement Marot, valet de chambre du Roy, & luy donner priuilege pour vng an.

Soit faict ainsi quil est requis, & defenses à tous aultres, sur peine de cõfiscatiõ des liures, & amende arbitraire. Faict le.xiii.iour de Ianuier.Mil.v.c.xxxix.

I. I. de Mesmes.

La Chrestienté à
CHARLES EMPEREVR,
ET A FRANCOYS ROY DE FRANCE.
S.

Pproche toy Charles (tát loïg tu fois)
Du magnanime & puiffant roy Fran-
coys,
Approche toy Francoys (tant loing foys tu)
De Charles plein de prudence & vertu:
Non pour tous deux en bataille vous ioindre,
Ne par fureur de voz lances vous poindre,
Mais pour tirer Paix la tant defirée
Du ciel treshault, la ou f'eft retirée.
 Si Mars cruel vous en feiftes defcendre,
Ne pouez vous le faire condefcendre
A f'en aller? pour ca bas donner lieu
A Paix la belle, humble fille de dieu?
Certainement fi vous deux ne le faictes,
Du monde font vaines les entrefaictes.
 Recepuez la, princes cheualereux,

       A ii

Pour faire nous (voyre vous) bienheureulx,
Ce vous sera trop plus d'honneur & gloire,
Qu'auoir chascun quelque grosse victoire,
Recepuez la, car si vous la fuyez
Elle dira que serez ennuyez
De voz repos, & que portez enuie
A la doulceur de vostre heureuse vie.

Si pitié donc (ô princes triumphans)
Vous ne prenez des peuples voz enfans,
(Dont reciter l'estat calamiteux
Seroit vng cas trop long & trop piteux)
Si d'eulx n'auez commiseration,
A tout le moins ayez compassion
Du noble sang & de France & d'Espaigne,
Dedans lequel ce cruel Mars se baigne.

Mars cy deuant souloit taindre ses dars
Dedans le sang de voz simples soudars,
Mais maintenant (ô Dieu quel dur esclandre)
Plaisir ne prend fors à celluy espandre
Des nobles Chefz, meritans diadesmes,
Et si respand souuent le vostre mesmes
Faisant seruir les haulx princes, de butte

Au vil souldart tyrant de hacquebutte,
Si que de Mars ne sont plus les Trophées
Fors enrichiz d'armes bien estoffées,
Plus ilz ne sont garniz & decorez
Que de harnoys bien poliz & dorez,
Qui disent bien, la despouille nous sommes
De grãds Seigneurs, & de vertueulx hommes.
 O quantz & quelz de voz plus favoris
Sont puis dix ans en la guerre peris,
O quantz encor en verrez desuyer,
Si à ce coup Paix n'y vient obuyer!
Que pensez vous? cherchez vous les moyens
De voz malheurs, nobles Princes Troyens?
Ia pour tenir ou voz droictz, ou voz tortz,
Sont ruez ius voz plus vaillans Hectors
Gardez qu'en fin ie qui suis vostre Troye
Du puissant Grec ne devienne la proye.
 Estimez vous que ce grand Eternel
Ne voye bien du manoir supernel
Les grandz debatz d'une & d'aultre partye?
Ne sçauez vous qu'ung bon pere chastie
Plus tost les siens, que les desauouez?

A iii

Si maintenant faictes ce que pouez,
Paix descendra, portant en main l'oliue,
Laurier en teste, en face couleur viue,
Touſiours riant, claire comme le iour,
Pour venir faire en mes terres ſeiour.

Et Mars ſouillé tout de ſang & de pouldre,
Deſlogera plus ſoubdain que la fouldre:
Car il n'eſt cueur (tant ſoit gros) qui ne tréble,
Si voz vouloirs ſentent vniz enſemble.

Vienne ſur champs Mars auec ſon armée
Vous preſenter la bataille termée,
Il la perdra: Ainſi doncques vnyz,
Et de pitié paternelle muniz,
Vous eſlirez quelque bien heuré lieu,
La ou viendra de vous deux au milieu
Pallas ſans plus, Pallas (à ſa venüe)
Vous couurira d'une celeſte nue,
Pour empeſcher que les malings trompeurs
D'heureuſe Paix trop malheureulx rompeurs
Ne puiſſent veoir les moyens que tiendrez
Alors qu'au poinct tant deſiré viendrez,
Si qu'ilz feront tout acoup esbahys

Que sur le soir l'ung & l'aultre pays
Reluyra tout de beaulx feuz de lyesse,
Pour le retour de Paix noble déesse,
Et que rendray (sans que Mars m'en retarde)
Graces au ciel, O mon Dieu qu'il me tarde!
Approche toy Charles (tant loing tu soys)
Du magnanime & puissant Roy Francoys,
Approche toy Francoys (tant loing soys tu)
De Charles plein de prudence & vertu.

Clement Marot à la
ROYNE DE HONGRIE,
VENVE EN
France. S.

Quand toute France aura faict son deuoir
De ta haultesse en ioye receuoir,
(Chaste Diane ennemye d'Oyseuse
Et d'honorable exercice amoureuse)
Ie (de ma part) le plus petit de tous
M'enhardyray humble salut & doulx
Te presenter, non en voix & parolle,
Qui parmy l'air auec le vent s'enuolle:
Mais par escript, qui contre le temps dure,
Autant ou plus que fer ou pierre dure.
Ie dy escript faict des muses sacrées,
Qui sçauent bien qu'a lire te recrées.
Escript (pour vray) que s'il n'est immortel,
Le tien Marot le desire estre tel,
Pour saluer par epistre immortelle
Celle de qui la renommée est telle,

O combien fut le peuple resiouy
D'espaigne & France, apres auoir ouy,
Qu'icy venoys, cela nous est vng signe
(Ce disoient ilz) que l'amour s'enracine
Es cueurs Royaulx, cela est vng presaige,
Que dieu nous veult mostrer so doulx visaige,
Et que la paix dedans Nice traictée,
Est vne paix pour iamais arrestée.
L'arc qui est painct de cét couleurs aux cieulx,
Quand on le voit, ne demonstre pas mieulx,
Signe de pluye en temps sec attendue,
Ne la verdure au printemps espandue,
Parmy les champs, si bien ne monstre point
Que les beaulx fruictz viedrot tost & appoint,
Comme ta veue en France signifie
Que pour iamais la paix se fortifie,
Arriere donc, Royne Penthasilée,
Maintenant est ta gloire adnichilée:
Car deuant Troye allas pour guerroyer,
Marie vient pour guerre fouldroyer.
  Ainsi disoit France & Espaigne aussi,
Des que l'on sceut que de venir icy

B

Tu proposas, & creut leur ioye, apres
Que pour partir ilz virent tes aprestz,
Puis quand tu fuz esbranlée & partie,
Leur plaisir creut d'une grande partie,
Et te voyant toute venue en ca,
A redoubler leur ioye commenca.
Laquelle ioye en eulx n'ay apperceue
Tant seulement, mais sentie & conceue
Dedans mon cueur, tesmoing l'escript present
Plein de lyesse, & de tristesse exempt,
 T'aduertissant que quand paix ne seroit,
Ia pour cela France ne laisseroit
A desirer ta venue honorée,
Pour les vertuz dont tu es decorée,
Combien (pourtãt) que peuples & prouinces
Sont de nature enclins à aymer princes,
Qui comme toy sont amys de concorde,
Et ennemys de guerre & de discorde,
Ce qui plus tost entre aux cueurs femenins
(D'autãt qu'ilz sont doulx piteulx & begnins)
Que ceulx des roys, qui pour hõneur acquerre
Sont inclinez à prouesse & à guerre.

Doncques Saba Royne prudente & meure,
Qui as laissé ton peuple & ta demeure,
Pour venir veoir en riche & noble arroy,
Le Salomon de France, nostre roy,
Ie te supply par la grande lyesse,
Du bien de paix, si i'ay prins hardiesse,
De bienueigner vne dame si haulte,
Ne l'estimer presumption ne faulte,
En imitant le grand prince des anges,
Lequel recoit aussi tost les louanges
Du plus petit que du plus hault monté,
Quand le cueur est plein d'ardente bonté.

Clement Marot sur
LA VENVE DE L'EMPE-
REVR, EN FRANCE.

Or est Cæsar qui tant d'honneur acquit
Encor vng coup en ce beau monde icy,
Or est Cæsar qui les Gaules conquit,
Encor vng coup en Gaule retourné.
  De legions non point enuironné,
Pour guerroyer: mais plein d'amour nayue
Non point au vent L'aigle noir couronné,
Non point en main le glaiue, mais L'oliue.
  Francoys & luy viennent droict de la riue
Du Loyre, à Seine, affin de Paris veoir,
Et auec eulx Guerre meinent captiue,
Qui à discord les souloit esmouuoir.
  L'un (pour au faict de ses pays pouruoeir)
Passe par cy, sans peur ne deffiance,
L'aultre de cueur trop hault pour deceuoir,
Luy donne loy de commander en France.

Si que l'on est en dispute & doubtance
Qui a le plus de hault lotz merité,
Ou de Cæsar la grande confiance,
Ou de Francoys la grand fidelité.
　O Roys vnis, plus que d'affinité,
Bien heureuse est la gēt qui n'est point morte,
Sans veoir premier vostre ferme vnité,
Qui le repos de tant de monde porte.
　Vien donc, Cæsar, & vne paix apporte
Perpetuelle, entre nous, & les tiens,
Haulse (Paris) haulse bien hault ta porte:
Car entrer veult le plus grād des Chrestiens.

Le canticque de la
ROYNE SVR LA MALADIE
ET CONVALESCENCE DV
ROY, PAR MAROT.

S'Esbahit on si ie suis esplorée?
S'esbahit on si suis descolorée,
Voyant celluy qui ma tant honnorée,
Estre à la mort?

O seigneur Dieu tire son pied du bort
D'obscure tumbe, ou bien (pour mon support)
Auecques luy faiz moy passer le port
Du mortel fleuue.

Donne à tous deux en vng iour tũbe neuue,
A celle fin qu'en deux mortz ne s'esmeuue,
Qu'ung dueil funebre, & que Fráce n'espreuue
Dueil apres dueil.

Ne soit(helas) ce myen l'armoyant oeil,
Si malheureux, que de veoir au sercueil
Iecter celluy qui en si doulx accueil
M'a couronnée.

Qui m'a sur chief la couronne donnée,
La plus d'honneur & gloire enuironnée,
Dont au iourdhuy L'europe soit ornée
O tout puissant,
 Si pitié n'as de mon cueur languissant,
Si pitié n'as du bon Roy perissant,
Ayes pitié du peuple gemissant
Par ta clemence.
 Laisse meurir la royalle semence,
Sans que voyant l'extreme decadence,
Du pere, estant au sommet de prudence
Pour dominer.
 As tu basty pour apres ruyner ?
As tu voulu planter & iardiner
Pour ton labeur parfaict exterminer ?
O quelle perte.
 Si elle aduient, soit la terre couuerte
D'air tenebreux, plus ne soit l'herbe verte,
Soit toute bouche, ou muette, ou ouuerte
Pour faire crys.
 Soient de regretz tous volumes escriptz,
Tragicques soient tous escriuans espritz,

Et rien ne soit celle qui a le pris
D'estre nommée.
   Femme d'ung Roy de si grand renommée,
Rien plus ne soit, que pouldre consumée,
Pouldre auec luy (touteffois) inhumée,
Ce bien i'auray.
   Ainsi tousiours sa compaigne seray,
A son costé sans fin reposeray,
Et de langueur m'experimenteray,
La longue peine.
Mais pourquoy suis ie ainsi de douleur pleine?
Est esperance en moy ou morte, ou vaine?
Le tout puissant par sa bonté humaine,
Le guerira.
   Noz cueurs bien tost de lyesse emplira,
Car Monseigneur encor ne perira,
Ains par longs iours son peuple regira,
C'est ma fiance.
   Croistra ses faictz, pays, & aliance,
Puis ayant tout fondé sur asseurance,
Ira plein d'ans prendre sa demeurance
La hault es cieulx.

Qu'est ce mes gens? pourquoy torchez voz
	yeulx?
Quel nouueau pleur, quel maintien soucieulx
Faict on encor? vien mon Dieu gracieulx,
Haste toy sire.

	I'entends que mort mon amy veult occire,
Sa force fond ainsi qu'au feu la cire,
Dont tout bō cueur barbe & cheueulx desfire,
Faisant regretz.

	Semblent Troyés de nuict surpris des Grecz,
Semblent Romains voyans (oultre leurs grez)
Cæsar occis par traistres indiscretz.
Ha Dieu mon pere.

	S'il est ainsi qu'a ta loy i'obtempere,
De monseigneur les angoisses tempere,
En me faisant ainsi qu'en toy i'espere
A ceste fois.

	Or a mon dieu d'enhault ouy ma voix
Et mys à fin l'espoir qu'en luy i'auois,
Sus, suyuez moy, au temple ie m'en voys
Luy rendre graces.

	Ostez ce noir, ostez moy ces prefaces
C

Chantans des mortz, oſtez ces triſtes faces,
Il n'eſt pas temps que ce grand dueil tu faces,
Pays heureux.
 Le ciel n'a pas eſté ſi rigoreux
De s'enrichir pour poure & langoreux,
Te veoir ca bas, Ton treſor valeureux
Il te redonne.
 Vy doncques Fráce encor ſoubz la couróne,
Qui le chef meur & prudent enuironne,
Tandis la fleur de ieuneſſe fleuronne,
Pour faire fruict.
 Soit l'Ocean calme, ſans vent, ſans bruyt,
Sechée aux champs ſoit toute herbe qui nuyt,
Comme le iour ſoit luyſante la nuyt,
Tout dueil ſe taiſe.
 Ne pleurons plus, ſi ce n'eſt de grand ayſe,
Puis qu'enuers nous l'ire de Dieu s'appaiſe,
Tant nous aymant, que de mortel meſaiſe
Tyrer le Roy.
 Eſcriuez tous (Poetes) ceſt effroy,
Et le hault bien dont Dieu nous faict octroy,
Vous n'y fauldrez, & ainſi ie le croy,

Hâ poures Muses:
S'il fust pery, vous estiez bien camuses,
Doncques (Enfans) descriuez les confuses,
Voyans celluy ou elles sont infuses
Esuanouyr.

Puis tost apres faictes les resiouyr.
Quand on leur faict les nouuelles ouyr,
De la santé dont Dieu le faict iouyr,
Tant desirée.

Faictes Pallas palle, & fort dessirée,
Mars tout marry, sa personne empirée,
En appellant D'atropos trop irée
Comme d'abbus.

Puis tout à coup, chantez comment Phebus
Luy mesmes va par les preaux herbus
Herbes cueillir, fleurs, & boutons barbus,
Fueille, & racine,

Pour faire au Roy l'heureuse medecine,
Prise dessoubz tant beniuolle Signe,
Que nous verrós son chief blác cóe vng Cigne
A l'aduenir.

Cela chanté, vous fauldra souuenir,

De faire Mars tout ioyeux deuenir,
Et à Pallas la couleur reuenir,
Non plus marrye.
 Faictes que tout pleure fort, & puis rie,
Ainsi que moy voſtre Dame cherie,
Certes ſouuent de grande faſcherie
Grand plaiſir vient.
 Ainſi ferez, & mieulx, s'il en ſouuient,
Mais à la fin de voſtre œuure accomplie,
Auecques moy conclurre vous conuient,
Que iamais Dieu ceulx qui l'ayment n'oublie.

FINIS.

www.ingramcontent.com/pod-product-compliance
Lightning Source LLC
Chambersburg PA
CBHW071429060426
42450CB00009BA/2095